Impressum
Verlag: BABADADA GmbH, Nedderfeld 112 , 22529 Hamburg
Geschäftsführer / Verlagsleitung: Harald Hof
Druck: Books on Demand GmbH, In de Tarpen 42, 22848 Norderstedt

Imprint
Publisher: BABADADA GmbH, Nedderfeld 112 , 22529 Hamburg, Germany
Managing Director / Publishing direction: Harald Hof
Print: Books on Demand GmbH, In de Tarpen 42, 22848 Norderstedt, Germany

klassnaâ komnata
учиона

delit'
делити

186/2

doska
плоча

škol'nyj dvor
школско двориште

učitel'
наставник

bumaga
папир

pisat'
писати

ručka
хемијска оловка

pis'mennyj stol
писаћи стол

linejka
лењир

kniga
књига

učenik
ученик

ranec

торба

penal

перница

karandaš

графитна оловка

točilka

шиљило за оловке

lastik

гумица за брисање

al'bom dlâ risovaniâ

блок за цртање

risunok

цртеж

kistočka

кист

korobka krasok

кутија са бојама

nožnicy

маказе

klej

лепило

tetrad'

бележница

domašnââ rabota

домаћи задатак

cyfra

број

pribavlât'

сабирати

vyčitat'

одузимати

umnožat'

множити

sčitat'

рачунати

bukva

слово

alfavit

абецеда

slovo

реч

škola - школа

tekst
....
текст

čitat'
....
читати

mel
....
креда

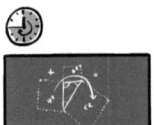

urok
....
час

klassnyj žurnal
....
дневник

èkzamen
....
испит

diplom
....
сведочанство

škol'naâ forma
....
школска униформа

obrazovanie
....
образовање

èncyklopediâ
....
лексикон

universitet
....
универзитет

mikroskop
....
микроскоп

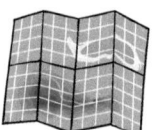

karta
....
карта

korzina dlâ bumag
....
кошара за папир

putešestvie

путовање

gostinica
хотел
Grand
turbaza
преноћиште
ROOMS
punkt obmena valûty
мењачница
EXCHANGE
čemodan
кофер
avtomobil'
ауто

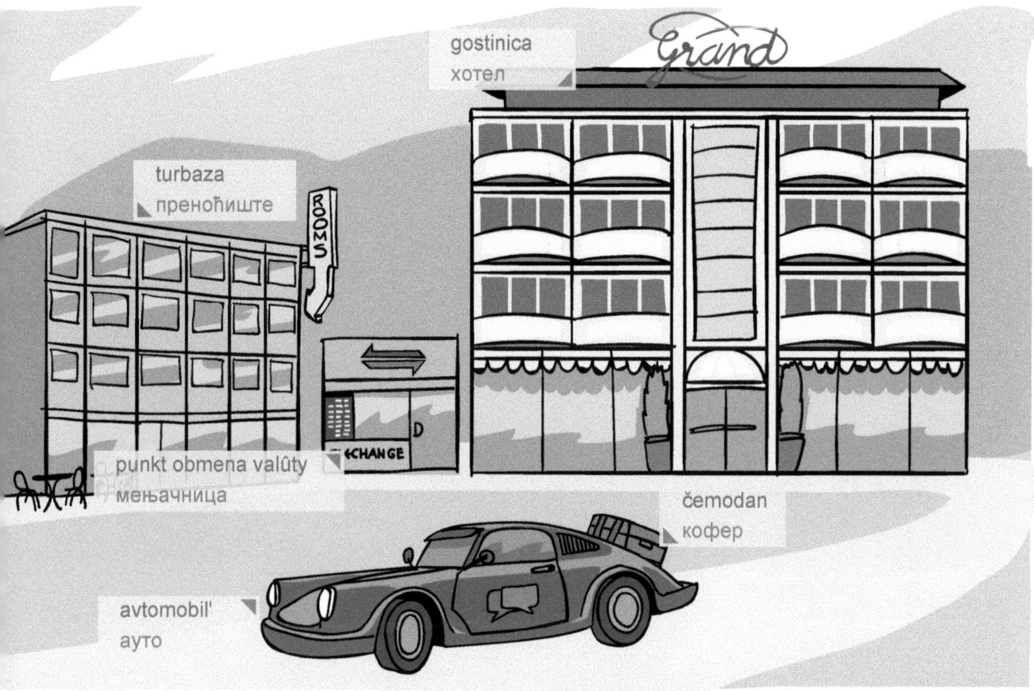

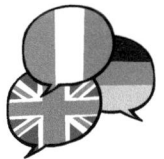

âzyk

јeзик

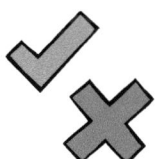

da / net

да / не

horošo

океј

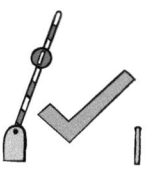

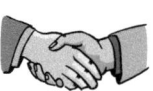

Privet

здраво

perevodčik

преводилац

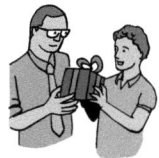

Spasibo

хвала

Skol'ko stoit...?

Колико кошта...?

Â ne ponimaû

не разумем

problema

проблем

Dobryj večer!

добро вече!

Dobroe utro!

Добро јутро!

Dobroj noči!

Лаку ноћ!

Do svidaniâ

довиђења

napravlenie

смер

bagaž

пртљага

sumka

торба

rûkzak

руксак

gost'

гост

komnata

соба

spal'nyj mešok

врећа за спавање

palatka

шатор

turističeskaâ informacyâ

туристичке информације

plâž

плажа

kreditnaâ kartočka

кредитна картица

zavtrak

доручак

obed

ручак

užyn

вечера

bilet

карта за вожњу

lift

лифт

počtovaâ marka

поштанска маркица

granica

граница

tamožnâ

царина

posol'stvo

амбасада

viza

виза

pasport

пасош

transport

транспорт

samolët
авион
korabl'
брод
požarnyj avtomobil'
ватрогасно возило
avtobus
аутобус
gruzovik
теретно возило
motornaâ lodka
моторни чамац
velosiped
бицикл
avtomobil'
ауто

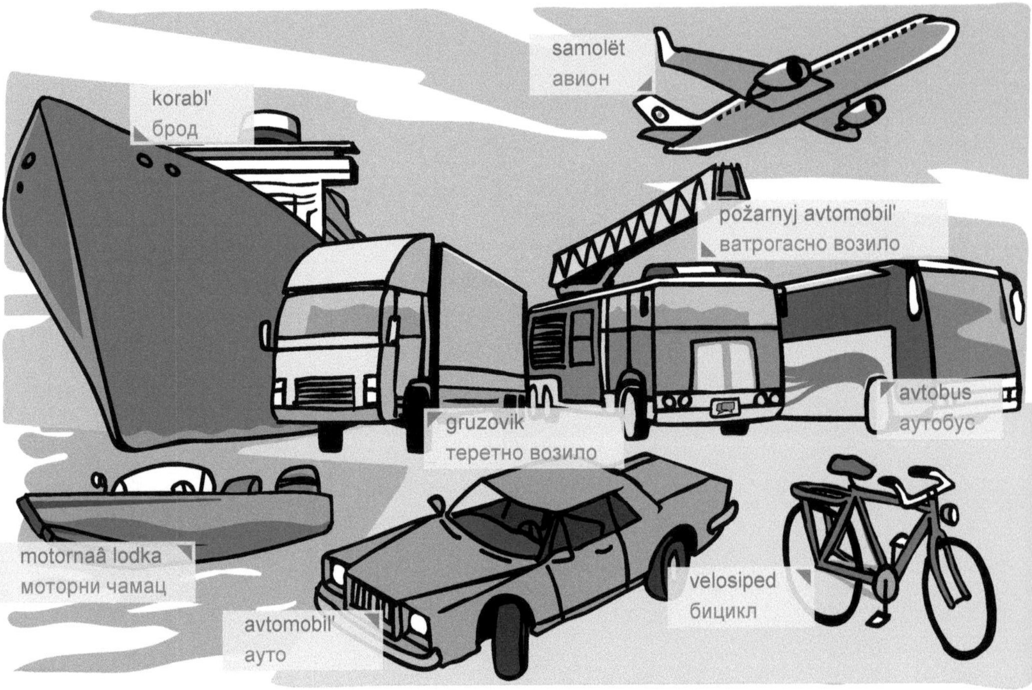

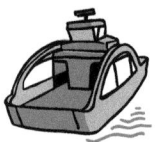

parom

трајект

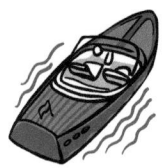

lodka

чамац

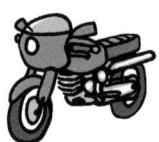

motocykl

мотоцикл

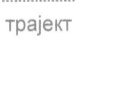

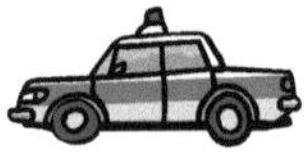

policejskij avtomobil'

полицијски ауто

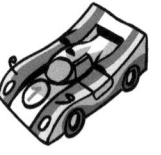

gonočnyj avtomobil'

тркаћи ауто

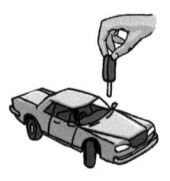

arendovannyj avtomobil'

изнајмљено ауто

sovmestnoe pol'zovanie
avtomobilâmi

дељење аутомобила

buksirovočnyj avtomobil'

вучно возило

musorovoz

возило за одвоз смећа

dvigatel'

мотор

toplivo

бензин

zapravka

бензинска станица

dorožnyj znak

саобраћајни знак

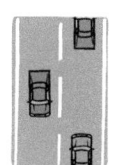

dviženie

саобраћај

probka

застој

avtostoânka

паркиралиште

vokzal

железничка станица

rel'sy

шине

poezd

воз

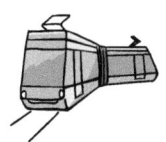

tramvaj

трамвај

vagon

вагон

vertolët

хеликоптер

aèroport

аеродром

vyška

кула

passažyr

путник

kontejner

контејнер

korobka

картон

teležka

колица

korzina

корпа

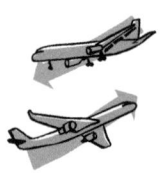

vzletat' / prizemlât'sâ

узлетети / слетети

gorod

град

derevnâ

село

centr goroda

центар града

dom

кућа

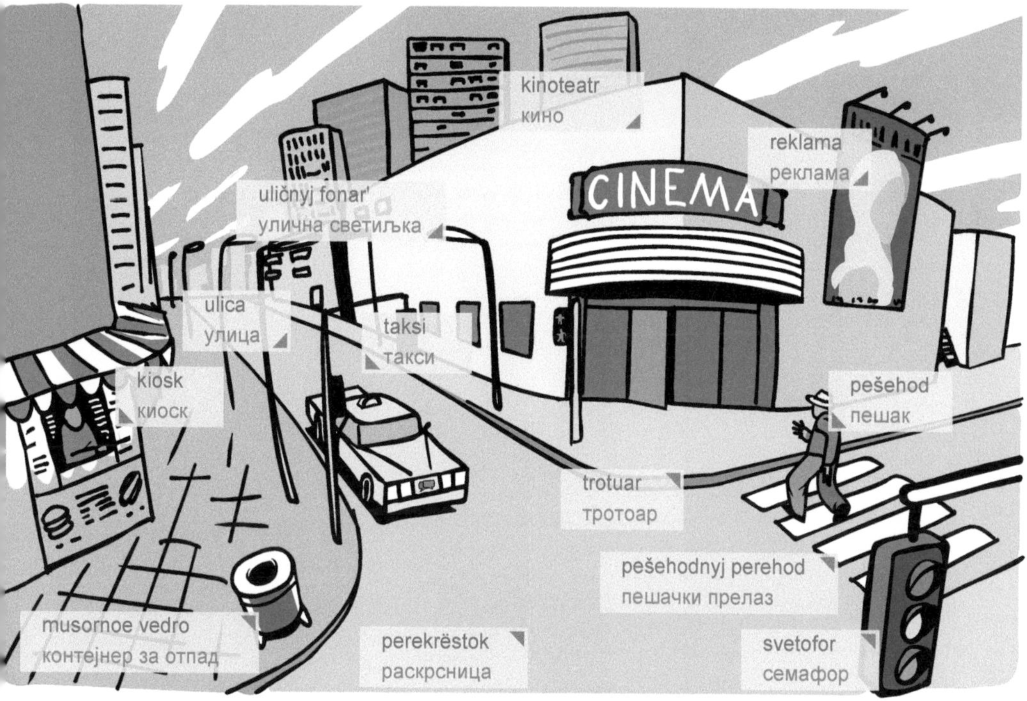
CINEMA
kinoteatr
кино
reklama
реклама
uličnyj fonar'
улична светиљка
ulica
улица
taksi
такси
kiosk
киоск
pešehod
пешак
trotuar
тротоар
pešehodnyj perehod
пешачки прелаз
musornoe vedro
контејнер за отпад
perekrëstok
раскрсница
svetofor
семафор

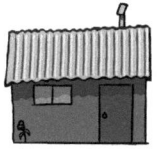

hižyna
колиба

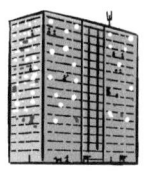

kvartira
стан

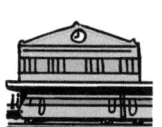

vokzal
железничка станица

ratuša
већница

MUSEUM
muzej
музеј

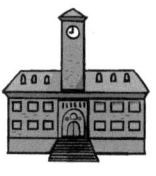

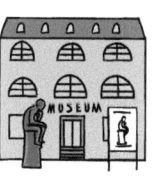

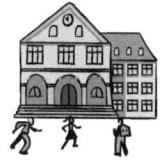

škola
школа

universitet

универзитет

bank

банка

bol'nica

болница

gostinica

хотел

apteka

апотека

ofis

канцеларија

knižnyj magazin

књижара

magazin

продавница

cvetočnyj magazin

цвећара

supermarket

супермаркет

rynok

трг

univermag

робна кућа

torgovec ryboj

рибарница

torgovyj centr

трговачки центар

port

лука

park

парк

skamejka

клупа

most

мост

lestnica

степенице

metro

подземна железница

tonnel'

тунел

avtobusnaâ ostanovka

аутобуска станица

bar

бар

restoran

ресторан

počtovyj âšik

поштанско сандуче

tablička s nazvaniem ulicy

улични знак

parkometr

паркирни аутомат

zoopark

зоолошки врт

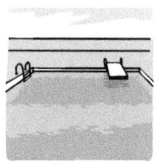

bassejn

базен

mečet'

џамија

ferma

сеоско газдинство

zagrâznenie okružaûšej sredy

загађење околине

kladbiše

гробље

cerkov'

црква

detskaâ plošadka

игралиште

hram

храм

landšaft
пејсаж

list
лист

dorožnyj ukazatel'
путоказ

doroga
пут

lug
ливада

kamen'
камен

derevo
дрво

putešestvennik
шетач

reka
река

trava
трава

cvetok
цвет

dolina

долина

gora

планина

ozero

језеро

les

шума

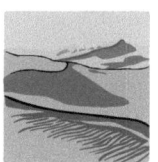

pustynâ

пустиња

vulkan

вулкан

zamok

дворац

raduga

дуга

grib

гљива

pal'ma

палма

komar

москито

muha

мува

muravej

мрав

pčela

пчела

pauk

паук

žuk

буба

lâguška

жаба

belka

веверица

еž

јеж

zaâc

зец

sova

сова

ptica

птица

lebed'

лабуд

kaban

дивља свиња

olen'

јелен

los'

лос

plotina

насип

vetrânoj generator

ветрењача

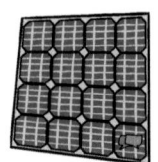

solnečnaâ batareâ

соларна плоча

klimat

клима

oficyant
конобар

menû
jеловник

stul
столица

picca
пица

sup
супа

stolovye pribory
прибор за jело

skatert'
стољњак

zakuska

предјело

glavnoe blûdo

главно јело

desert

десерт

napitki

напитци

eda

јело

butylka

флаша

fastfud

брза храна

uličnaâ eda

имбис храна

čajnik

чајник

saharnica

доза за шећер

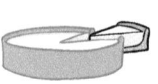

porcyâ

порција

kofevarka

апарат за еспресо

detskij stul'čik

висока столица

sčet

рачун

podnos

послужавник

nož

нож

vilka

виљушка

ložka

кашика

čajnaâ ložka

чајна кашика

salfetka

салвета

stakan

чаша

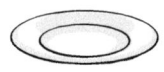

tarelka

тањир

supovaâ tarelka

тањир за супу

blûdce

тањирић

sous

сос

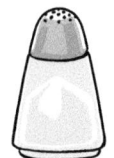

solonka

сољенка

mel'nica dlâ perca

млин за бибер

uksus

сирће

maslo

уље

specyi

зачини

ketčup

кечап

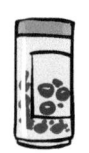

gorčica

сенф

majonez

мајонеза

supermarket

супермаркет

specyal'noe predloženie
понуда
pokupatel'
купац
moločnye produkty
млечни производи
frukty
воћe
teležka dlâ pokupok
колица за куповину
FOR

BUTCHERS

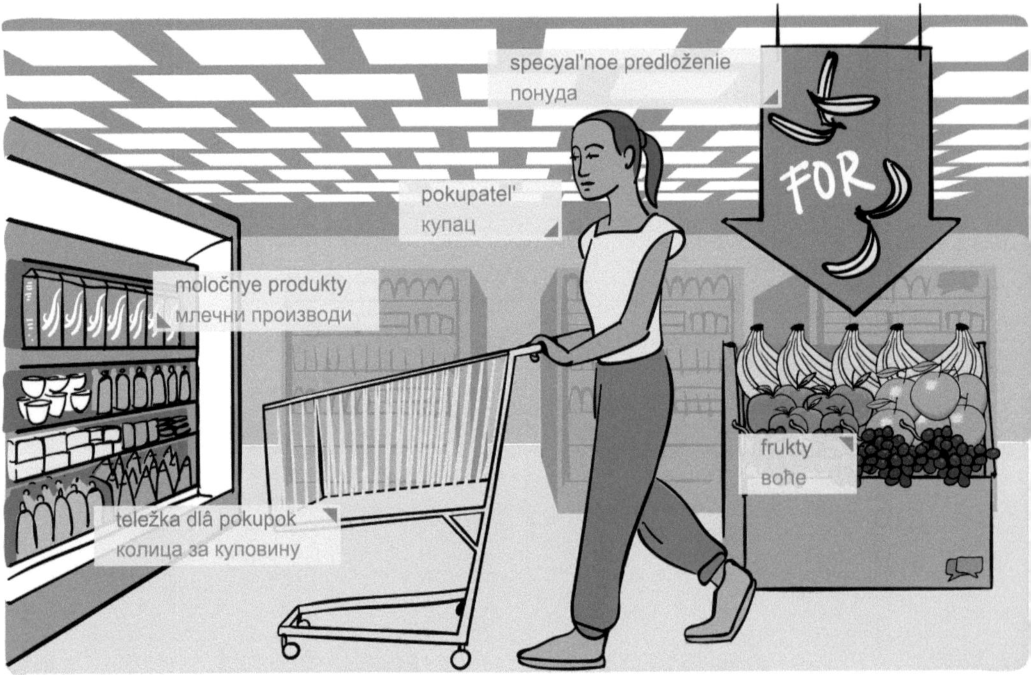

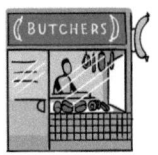

mâsnoj magazin

месница

BAKERY

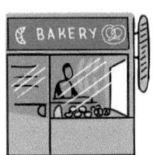

pekarnâ

пекара

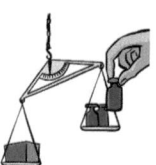

vzvešyvat'

вагати

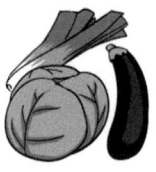

ovoŝi

поврће

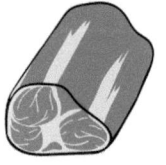

mâso

месо

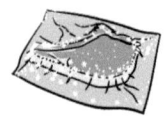

bystrozamorožennye produkty

смрзнута храна

narezka

нарезак

konservy

конзерве

stiral'nyj porošok

средство за прање

sladosti

слаткиши

predmet domašnego obihoda

артикли за домаћинство

moûšee sredstvo

средства за чишћење

prodavšica

продавачица

kassa

благајна

kassir

благајник

spisok pokupok

листа за куповину

vremâ raboty

време рада

bumažnik

новчаник

kreditnaâ kartočka

кредитна картица

sumka

торба

poliètilenovyj paket

пластична кеса

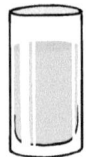

voda

вода

sok

сок

moloko

млеко

koka-kola

кола

vino

вино

pivo

пиво

alkogol'

алкохол

kakao

какао

čaj

чај

kofe

кава

èspresso

еспресо

kapučino

капућино

banan

банана

âbloko

јабука

apel'sin

наранџа

arbuz

лубеница

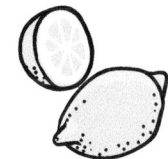

limon

лимун

morkov'

шаргарепа

česnok

бели лук

bambuk

бамбус

luk

лук

grib

гљива

orehi

орашасти плодови

lapša

резанци

spagetti

шпагете

ris

рижа

salat

салата

kartofel' fri

помфрит

žarenyj kartofel'

печени крумпир

picca

пица

gamburger

хамбургер

sèndvič

сендвич

šnicel'

шницла

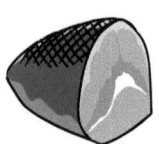

vetčina

шунка

salâmi

салама

kolbasa

кобасица

kurica

кокош

žarkoe

печење

ryba

риба

ovsânye hlop'â
....
зобене пахуљице

mûsli
....
мусли

kukuruznye hlop'â
....
кукурузне пахуљице

muka
....
брашно

kruassan
....
кроасан

buločka
....
пециво

hleb
....
хлеб

tost
....
тоаст

pečen'e
....
кекси

maslo
....
маслац

tvorog
....
свежи сир

pirog
....
колач

âjco
....
јаје

âičnica
....
јаје на око

syr
....
сир

moroženoe

сладолед

sahar

шећер

mёd

мед

marmelad

мармелада

krem s nugoj

нугат крема

karri

кари

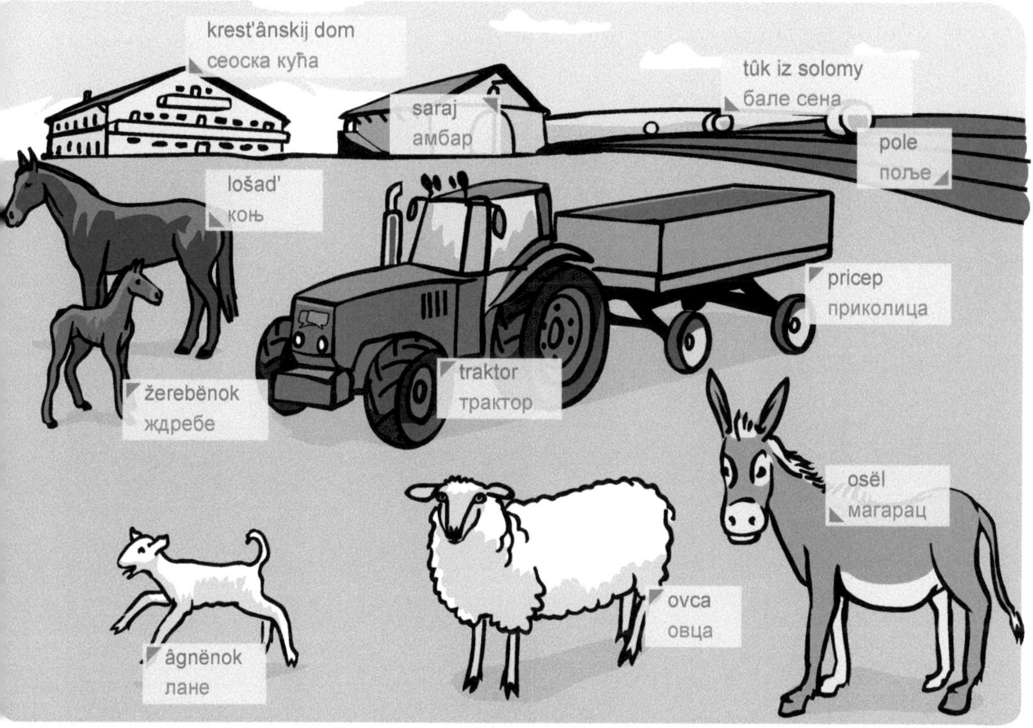

krest'ânskij dom
сеоска кућа

saraj
амбар

tûk iz solomy
бале сена

pole
поље

lošad'
коњ

pricep
приколица

traktor
трактор

žerebënok
ждребе

osël
магарац

ovca
овца

âgnënok
лане

koza
коза

korova
крава

telënok
теле

svin'â
свиња

porosënok
прасе

byk
бик

gus'

гуска

utka

патка

cyplënok

пилићи

kurica

кокош

petuh

петао

krysa

пацов

koška

мачка

myš'

миш

vol

вол

sobaka

пас

konura

кућица за пса

sadovyj šlang

вртно црево

lejka

канта за поливање

kosa

коса

plug

плуг

serp

срп

motyga

мотика

navoznye vily

виљушка за ђубриво

topor

секира

tačka

тачке

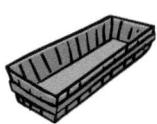

koryto

корито

bidon dlâ moloka

посуда за млеко

mešok

врећа

zabor

ограда

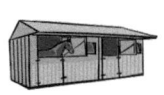

hlev

штала

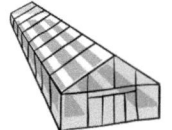

teplica

стакленик

počva

земља

posev

семе

udobrenie

ђубриво

kombajn

комбајн

sobirať urožaj

жети

urožaj

жетва

âms

јамс зачин

pšenica

пшеница

soâ

соја

kartofeľ

крумпир

kukuruza

кукуруз

raps

уљана репица

fruktovoe derevo

воћка

maniok

гомољ маниоке

zlaki

житарице

dom
кућа

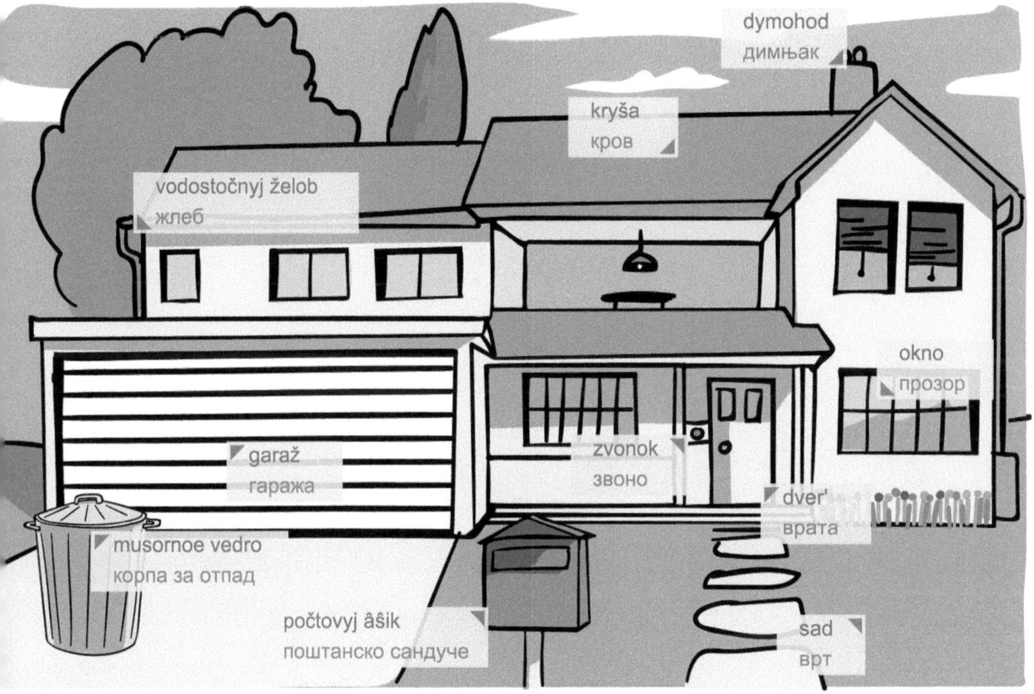

dymohod
димњак
kryša
кров
vodostočnyj želob
жлеб
okno
прозор
zvonok
звоно
garaž
гаража
dver'
врата
musornoe vedro
корпа за отпад
počtovyj âŝik
поштанско сандуче
sad
врт

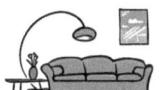

gostinaâ

дневна соба

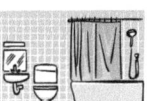

vannaâ komnata

купаоница

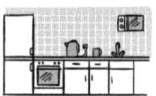

kuhnâ

кухиња

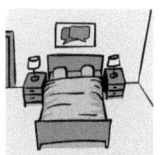

spal'nâ

спаваћа соба

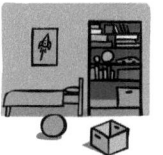

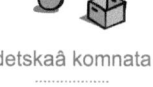

detskaâ komnata

дечија соба

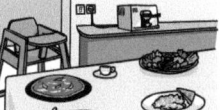

stolovaâ

трпезарија

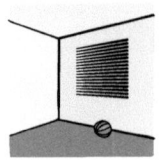

pol

под

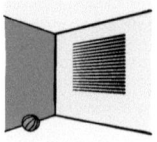

stena

зид

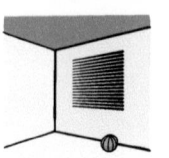

potolok

строп

podval

подрум

sauna

сауна

balkon

балкон

terrasa

тераса

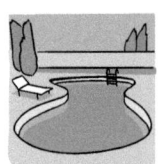

bassejn

базен

gazonokosilka

косилица за траву

pododeâl'nik

постељина за кревет

pokryvalo

дека за кревет

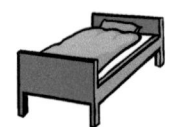

krovat'

кревет

metla

метла

vedro

канта

vyklûčatel'

прекидач

gostinaâ
дневна соба

oboi
тапета
risunok
слика
lampa
светиљка
polka
регал
škaf
ормар
televizor
телевизија
kamin
камин
cvetok
цвет
poduška
јастук
divan
кауч
vaza
ваза
pul't distancyonnogo upravleniâ
даљински управљач

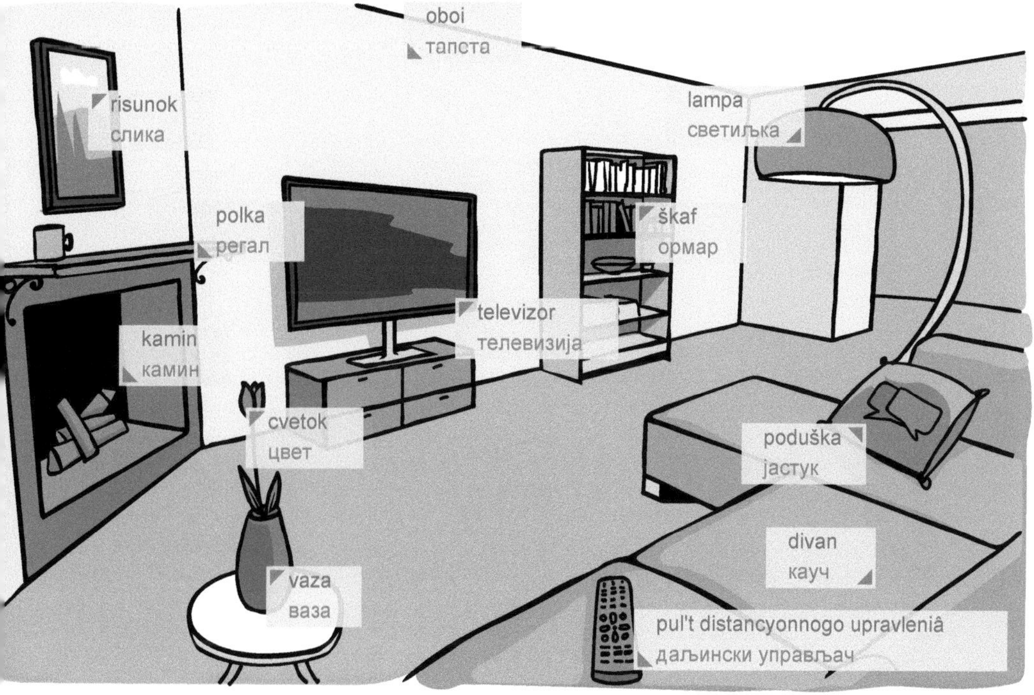

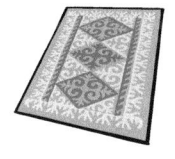

kovër

тепих

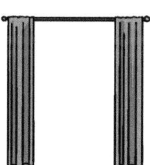

štora

завеса

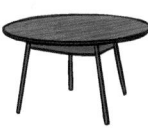

stol

сто

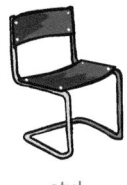

stul

столица

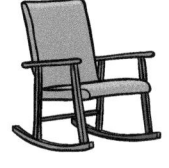

kreslo-kačalka

столица за њихање

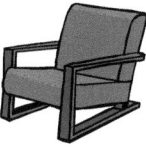

kreslo

фотеља

kniga

књига

pokryvalo

дека

ukrašenie

декорација

drova

дрво за огрев

fil'm

филм

stereosistema

хи-фи уређај

klûč

кључ

gazeta

новине

kartina

слика на платну

plakat

постер

radio

радио

bloknot

блок за писање

pylesos

усисивач

kaktus

кактус

sveča

свећа

kuhnâ
кухиња

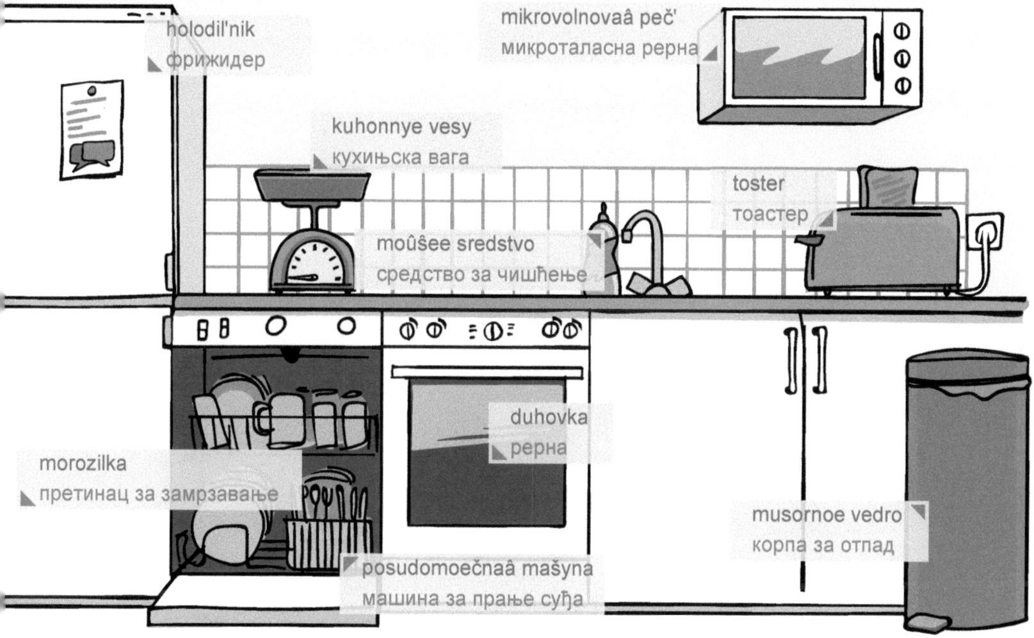

holodil'nik
фрижидер
mikrovolnovaâ peč'
микроталасна рерна
kuhonnye vesy
кухињска вага
toster
тоастер
moûŝee sredstvo
средство за чишћење
duhovka
рерна
morozilka
претинац за замрзавање
musornoe vedro
корпа за отпад
posudomoečnaâ mašyna
машина за прање суђа

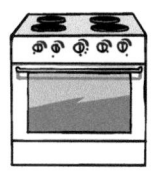

plita
....
шпорет

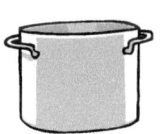

kastrûlâ
....
лонац

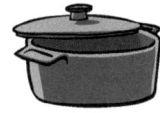

čugunnyj kotelok
....
гвоздени лонац

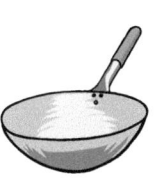

vok / kadaj
....
вок / кадаи

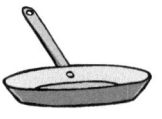

skovoroda
....
тава

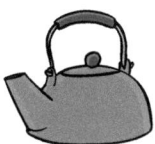

čajnik
....
кувало за воду

parovarka

кувало на пару

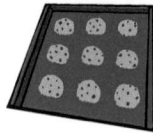

protiven'

лим за печење

posuda

посуђе

kružka

чаша

miska

посуда

paločki dlâ edy

штапићи за јело

polovnik

кутлача

lopatka

лопатица

sbivalka

пењача

sito

сито за кување

sito

сито

tërka

рибеж

stupka

мужар

gril'

роштиљ

kostër

огњиште

doska

даска

skalka

оклагија

štopor

вадичеп

žestânaâ banka

конзерва

konservnyj nož

отварач конзерви

prihvatka

крпа за лонац

rakovina

судопер

šetka

четка

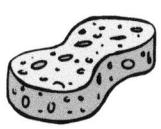

gubka

сунђер

mikser

миксер

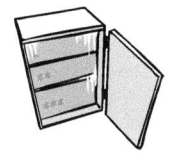

morozil'naâ kamera

замрзивач

butyločka dlâ kormleniâ

флашица за бебе

kran

славина за воду

vannaâ komnata

купаоница

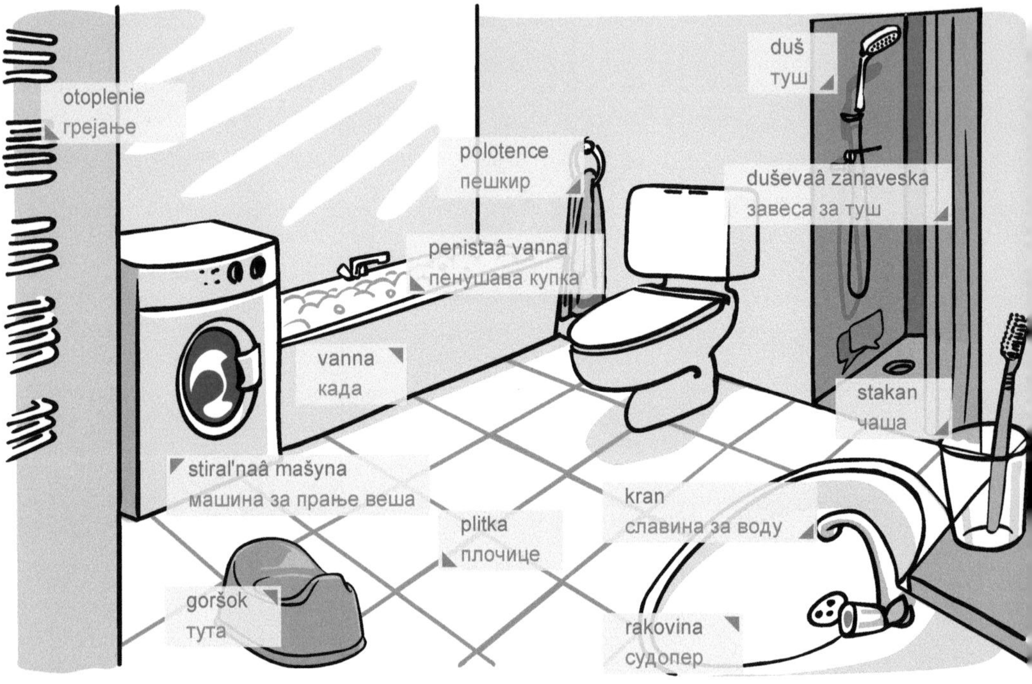

otoplenie
грејање
polotence
пешкир
duš
туш
duševaâ zanaveska
завеса за туш
penistaâ vanna
пенушава купка
vanna
када
stakan
чаша
stiral'naâ mašyna
машина за прање веша
kran
славина за воду
plitka
плочице
goršok
тута
rakovina
судопер

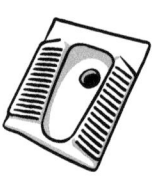

tualet

тоалет

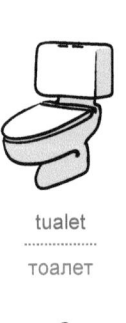

napol'nyj unitaz

чучавац

bide

бидет

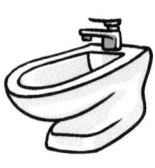

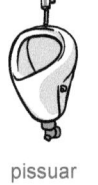

pissuar

писоар

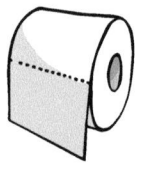

tualetnaâ bumaga

тоалетни папир

eršyk

четка за тоалет

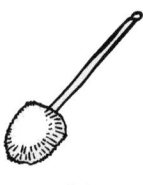

zubnaâ šetka

четкица за зубе

zubnaâ pasta

паста за зубе

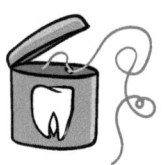

zubnaâ nit'

конац за зубе

myt'

прати

ručnoj duš

туш ручица

intimnyj duš

туш за прање интимних делова

taz

лавор

šetka dlâ spiny

четка за прање леђа

mylo

сапун

gel' dlâ duša

гел за туширање

šampun'

шампон

močalka

крпа за прање

stok

одвод

krem

крема

dezodorant

дезодоранс

zerkalo

огледало

ručnoe zerkalo

козметичко огледало

britva

бријач

pena dlâ brit'â

пена за бријање

los'on posle brit'â

лосион за после бријања

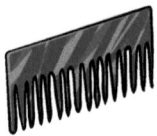

rasčeska

чешаљ

šetka

четка

fen

фен за косу

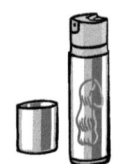

lak dlâ volos

спреј за косу

kosmetika

шминка

gubnaâ pomada

руж за усне

lak dlâ nogtej

лак за нокте

vata

вата

manikûrnye nožnicy

маказе за нокте

duhi

парфем

kosmetička

козметичка торбица

taburetka

столица

vesy

вага

halat

огртач

rezinovye perčatki

рукавице за чишћење

tampon

тампон

gigieničeskaâ prokladka

уложак

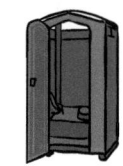

biotualet

хемијски тоалет

detskaâ komnata

дечија соба

budil'nik
будилник
mâgkaâ igruška
плишана играчка
igrušečnyj avtomobil'
ауто играчка
pogremuška
звечка
kukol'nyj domik
кућица за лутке
podarok
поклон

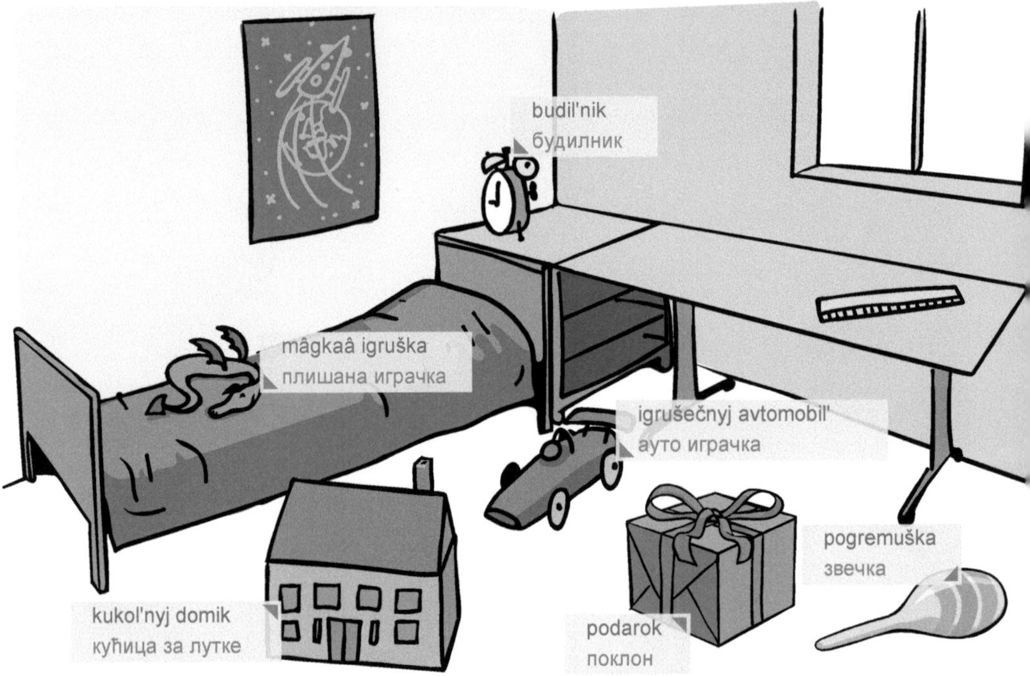

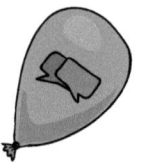

vozdušnyj šar
балон

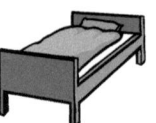

krovat'
кревет

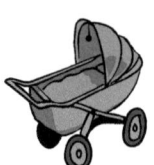

detskaâ kolâska
дјечија колица

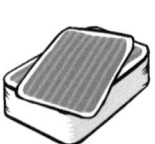

kartočnaâ igra
игра са картама

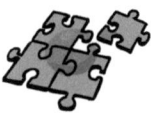

pazl
слагалица

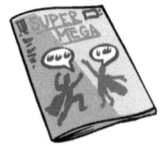

komiks
стрип

kirpičiki Lego

лего коцкице

kubiki

коцкице за слагање

igrušečnaâ figurka

акциони јунак

polzunki

бенкица за бебе

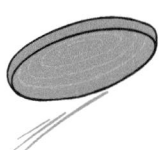

frisbi

фризби

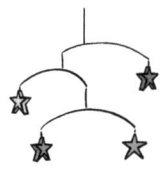

mobile

висеће играчке

nastol'naâ igra

друштвене игре

kubik

коцка

model' železnoj dorogi

минијатурна жељезница

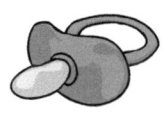

soska

дуда

večerinka

забава

kniga s kartinkami

сликовница

mâč

лопта

kukla

лутка

igrat'

играти

pesočnica

пешчаник

kačeli

љуљачка

igruška

играчка

igrovaâ pristavka

конзола за игре

trëhkolesnyj velosiped

трицикл

plûševyj medvežonok

теди

škaf dlâ odeždy

ормар

odežda

одећа

noski

кратке чарапе

čulki

чарапе

kolgotki

хулахопке

šarf
шал

remen'
каиш

zontik
кишобран

futbolka
мајица

sapogi
чизме

tapki
папуче

krossovki
патике

sandalii
сандале

botinki
ципеле

rezinovye sapogi
гумене чизме

trusy
гаћице

bûstgal'ter
грудњак

majka
поткошуља

bodi
боди

brûki
панталоне

džynsy
фармерке

ûbka
сукња

bluzka
блуза

rubaška
кошуља

sviter
џемпер

sviter
џемпер с капуљачом

sportivnaâ kurtka
сако

žaket
јакна

pal'to
мантил

plaŝ
кабаница

kostûm
костим

plat'e
хаљина

svadebnoe plat'e
венчаница

mužskoj kostûm

одело

nočnaâ soročka

спаваћица

pižama

пиџама

sari

сари

platok

марама за главу

tûrban

турбан

parandža

бурка

kaftan

кафтан

abajâ

абаја

kupal'nik

купаћи костим

plavki

купаће гаћице

šorty

кратке панталоне

sportivnyj kostûm

одећа за тренинг

fartuk

кецеља

perčatki

рукавице

pugovica

дугме

očki

наочаре

braslet

наруквица

cepočka

огрлица

kol'co

прстен

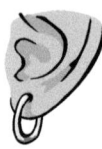

ser'ga

наушница

šapka

капа

vešalka

вешалица

šlâpa

шешир

galstuk

кравата

zastežka molniâ

патент затварач

šlem

кацига

podtâžki

нараменице

škol'naâ forma

школска униформа

forma

униформа

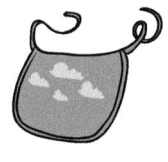

detskij nagrudnik

подбрадак

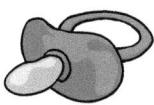

soska

дуда

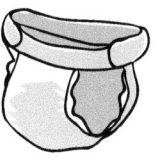

podguznik

пелена

ofis

канцеларија

server
сервер
kancelârskij škaf
ормар за списе
printer
штампач
bumaga
папир
monitor
монитор
pis'mennyj stol
писаћи сто
myš'
миш
papka
мапа
klaviatura
тастатура
korzina dlâ bumag
кошара за папир
komp'ûter
компјутер
stul
столица

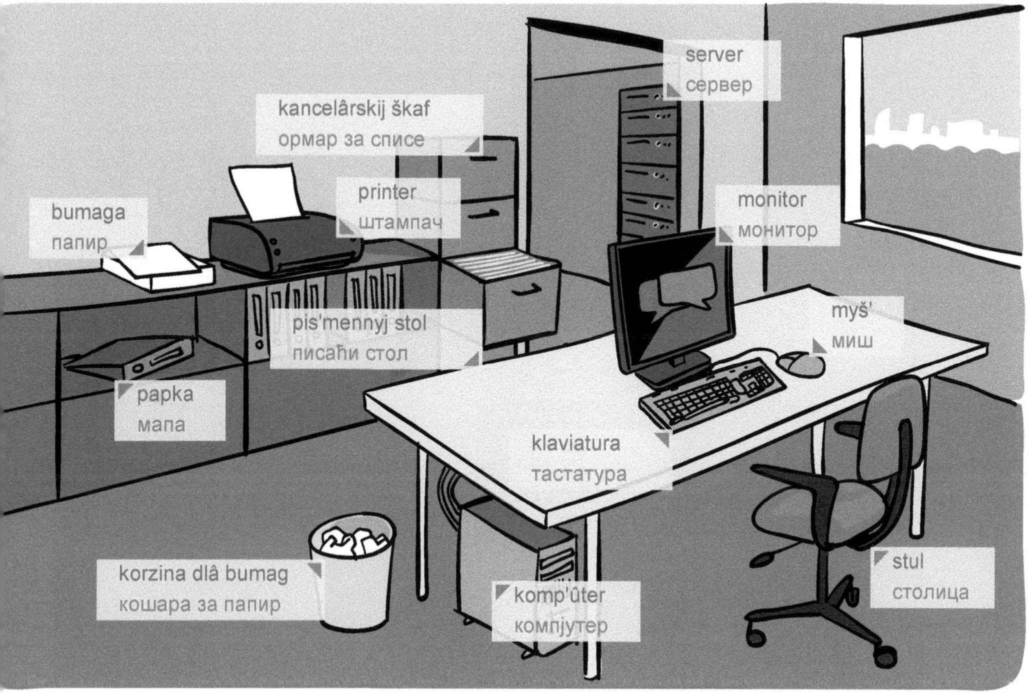

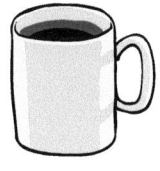

kofejnaâ kružka

шалица за каву

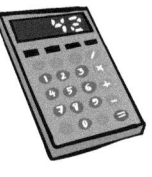

kal'kulâtor

калкулатор

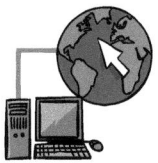

internet

интернет

noutbuk

лаптоп

pis'mo

писмо

soobŝenie

порука

mobil'nyj telefon

мобилни телефон

set'

мрежа

kseroks

уређај за копирање

programma

софтвер

telefon

телефон

rozetka

утичница

faks

факс

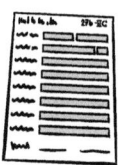

formulâr

формулар

dokument

документ

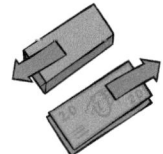

pokupat'

куповати

platit'

платити

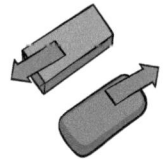

torgovat'

трговати

den'gi

новац

dollar

долар

evro

евро

iena

јен

rubl'

рубља

frank

швајцарски франак

žèn'min'bi ûan'

ренминдби јуан

rupiâ

рупија

bankomat

аутомат за новац

punkt obmena valûty

мењачница

zoloto

злато

serebro

сребро

neft'

нафта

ènergiâ

енергија

cena

цена

dogovor

уговор

nalog

порез

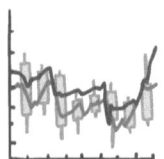

akcyâ

деонице

rabotat'

радити

službašij

службеник

rabotodatel'

послодавац

fabrika

фабрика

magazin

продавница

èkonomika - економија

professii

занимања

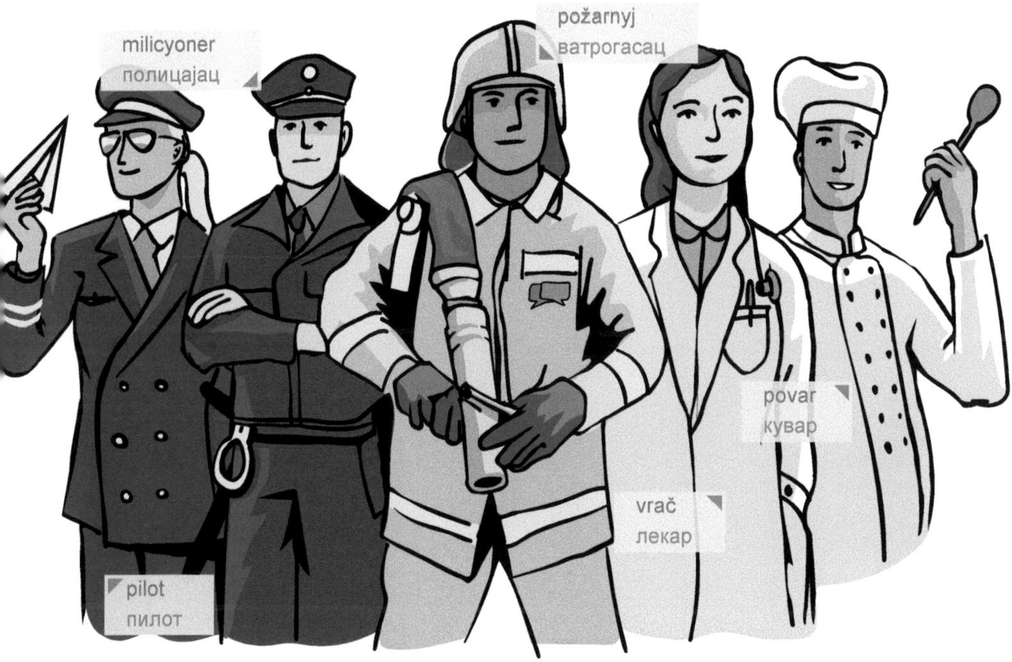
milicyoner
полицајац
požarnyj
ватрогасац
povar
кувар
vrač
лекар
pilot
пилот

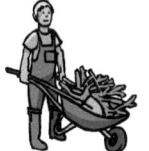

sadovnik

вртлар

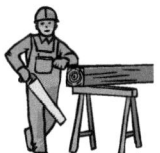

stolâr

столар

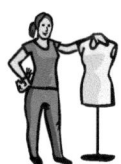

šveâ

кројачица

sud'â

судија

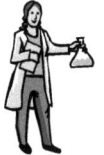

himik

хемичар

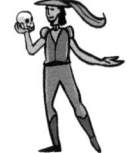

aktër

глумац

voditel' avtobusa

возач аутобуса

taksist

возач таксија

rybak

рибар

uborŝica

чистачица

krovel'ŝik

кровопокривач

oficyant

конобар

ohotnik

ловац

hudožnik

сликар

pekar'

пекар

èlektrik

електричар

stroitel'

грађевински радник

inžener

инжењер

mâsnik

месар

santehnik

лимар

počtal'on

поштар

soldat

војник

arhitektor

архитекта

kassir

благајник

florist

цвећар

parikmaher

фризер

konduktor

кондуктер

mehanik

механичар

kapitan

капетан

zubnoj vrač

зубар

učenyj

научник

ravvin

раби

imam

имам

monah

монах

svâŝennik

свештеник

instrumenty

алати

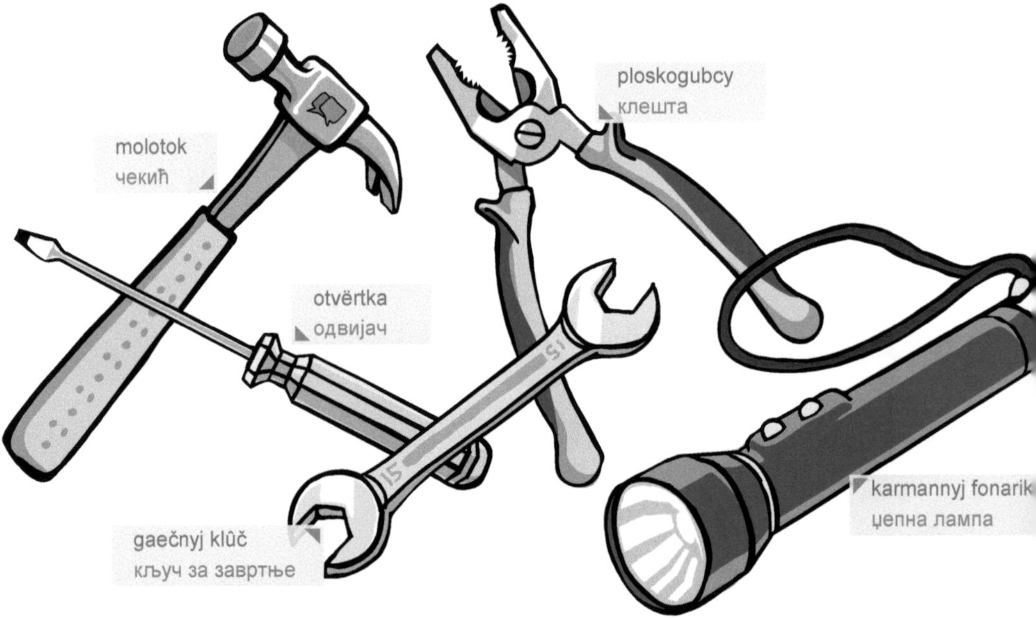

molotok
чекић
ploskogubcy
клешта
otvërtka
одвијач
gaečnyj klûč
кључ за завртње
karmannyj fonarik
џепна лампа

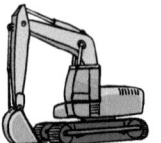

èkskavator

багер

âŝik dlâ instrumentov

кутија за алат

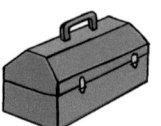

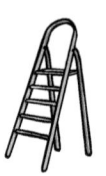

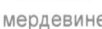

stremânka

мердевине

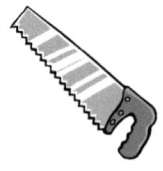

pila

пила

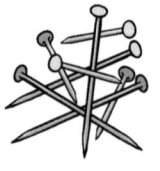

gvozdi

ексер

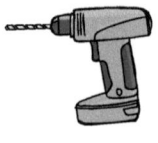

drel'

бушилица

remontirovat'

поправити

lopata

лопата

Blin!

до ђавола!

sovok

лопатица

vedro s kraskoj

лонац за боју

vinty

завртањи

muzykal'nye instrumenty
музички инструмент

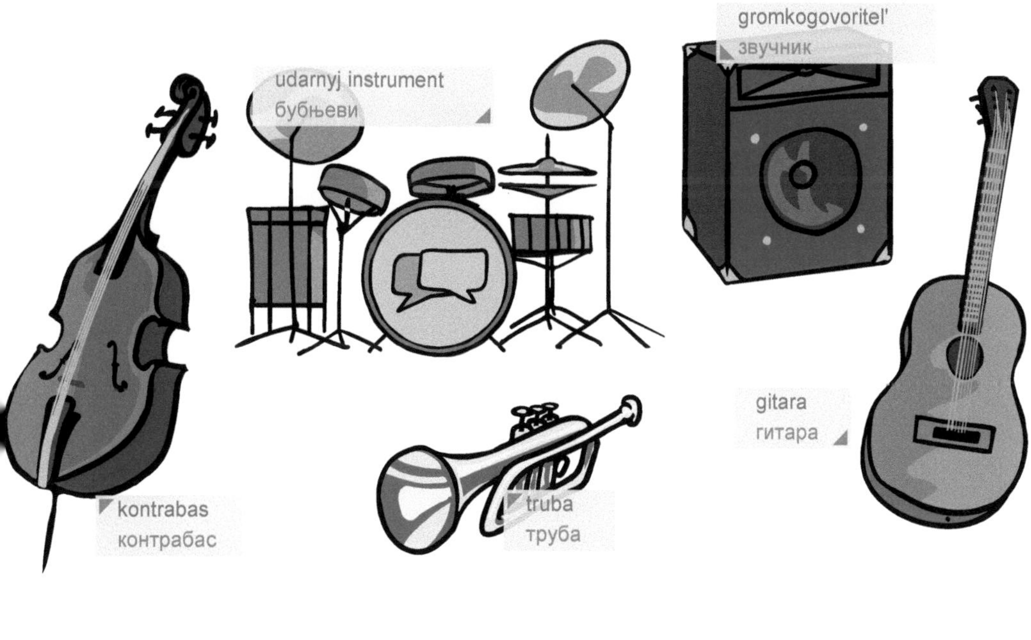

udarnyj instrument
бубњеви

gromkogovoritel'
звучник

gitara
гитара

kontrabas
контрабас

truba
труба

pianino

клавир

skripka

виолина

bas-gitara

бас

litavry

тимпани

baraban

удараљке за бубњеве

sintezator

типке клавира

saksofon

саксофон

flejta

флаута

mikrofon

микрофон

zoopark

зоолошки врт

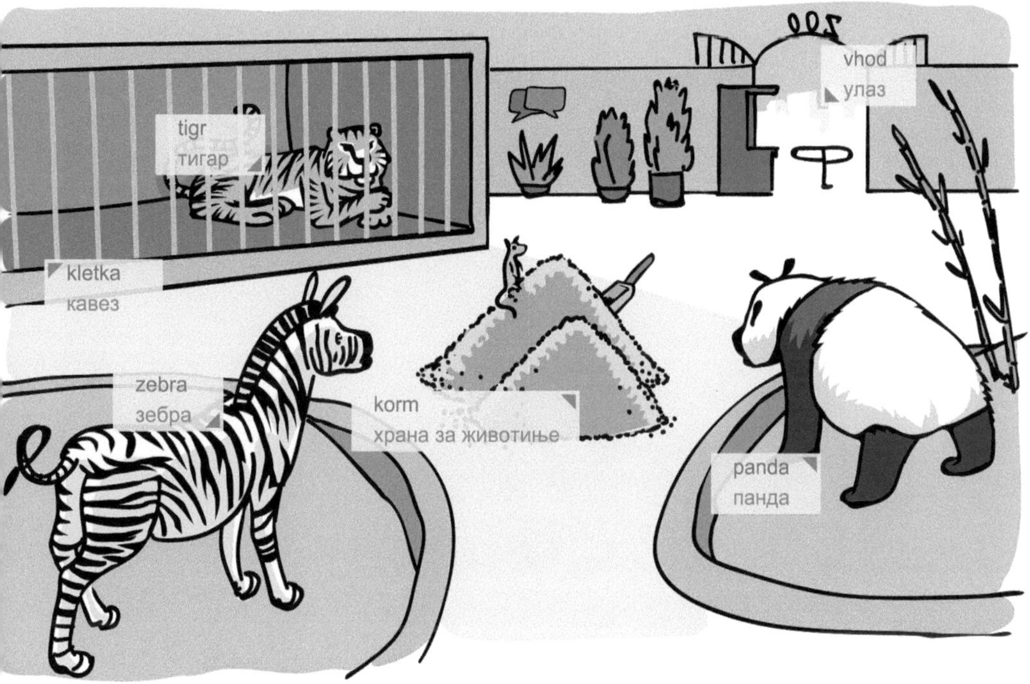
vhod
улаз
tigr
тигар
kletka
кавез
zebra
зебра
korm
храна за животиње
panda
панда

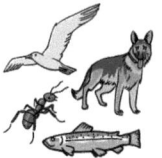

žyvotnye

животиње

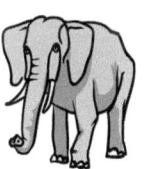

slon

слон

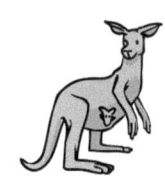

kenguru

кенгур

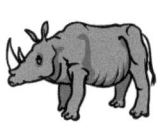

nosorog

носорог

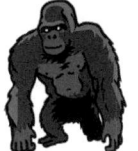

gorilla

горила

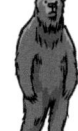

medved'

медвед

verblûd

камила

straus

ној

lev

лав

obez'âna

мајмун

flamingo

фламинго

popugaj

папагај

belyj medved'

поларни медвед

pingvin

пингвин

akula

ајкула

pavlin

паун

zmeâ

змија

krokodil

крокодил

služytel' zooparka

чувар у зоолошком врту

tûlen'

туљан

âguar

јагуар

poni
пони

leopard
леопард

begemot
нилски коњ

žyraf
жирафа

orël
орао

kaban
дивља свиња

ryba
риба

čerepaha
корњача

morž
морж

lisa
лисица

gazel'
газела

amerikanskij futbol
амерички ногомет

ezda na velosipede
бициклизам

tennis
тенис

basketbol
кошарка

plavanie
пливање

hokkej
хокеј на леду

boks
бокс

futbol
фудбал

badminton
бадминтон

lëgkaâ atletika
атлетика

gandbol
рукомет

lyžnyj sport
скијање

polo
поло

dejstviâ

активности

smeât'sâ
смејати се
prygat'
скочити
obnimat'
загрлити
idti
ићи
pet'
певати
mečtat'
сањати
molit'sâ
молити се
celovat'
пољубити

pisat'

писати

risovat'

цртати

pokazyvat'

показати

nažymat'

гурати

davat'

дати

brat'

узети

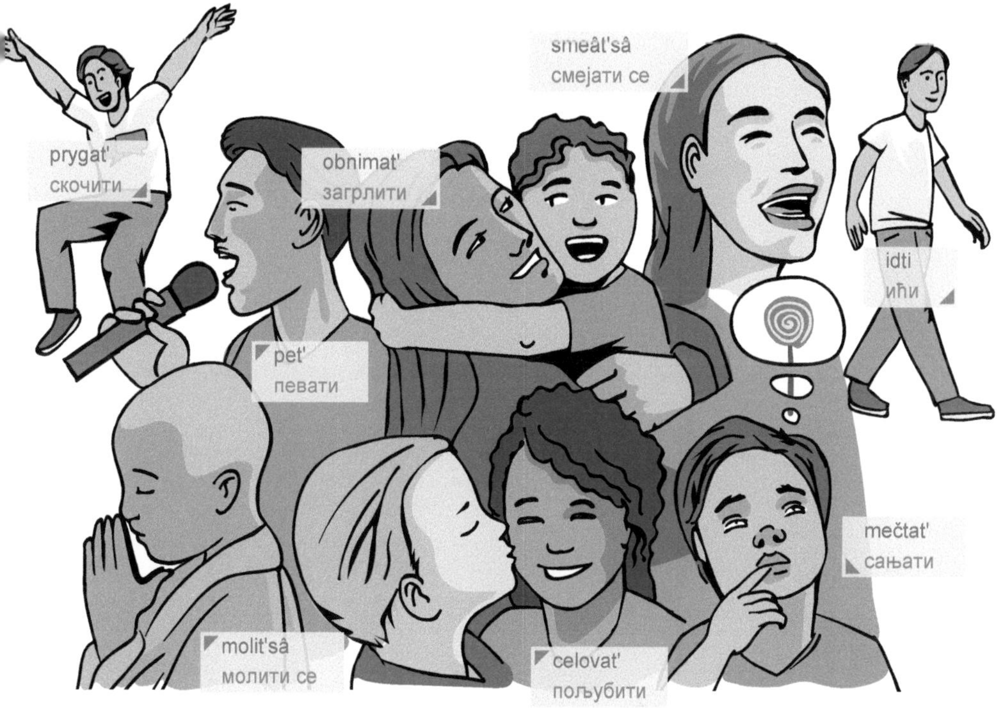

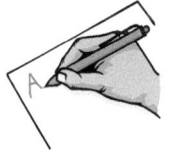

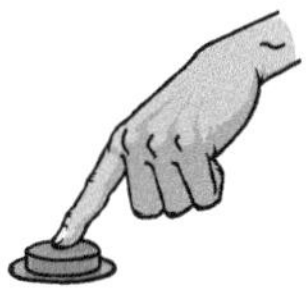

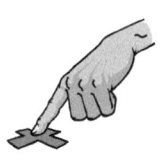

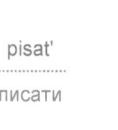

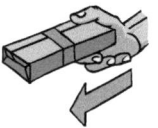

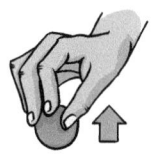

imet'

имати

delat'

чинити

byt'

бити

stoât'

стојати

bežat'

трчати

tânut'

повлачити

brosat'

бацити

padat'

падати

ležat'

лежати

ždat'

чекати

nosit'

носити

sidet'

седити

nadevat'

облачити

spat'

спавати

prosypat'sâ

пробудити се

rassmatrivat'
гледати

plakat'
плакати

gladit'
миловати

pričesyvat'
чешљати

govorit'
говорити

ponimat'
разумети

sprašyvat'
питати

slušat'
слушати

pit'
пити

kušat'
јести

navodit' porâdok
поспремити

lûbit'
волети

gotovit'
кухати

ehat'
возити

letat'
летети

hodit' pod parusom
....
пловити

sčitat'
....
рачунати

čitat'
....
читати

učit'sâ
....
учити

rabotat'
....
радити

vstupat' v brak
....
венчати се

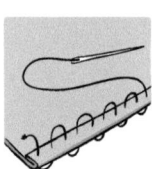

šyt'
....
шити

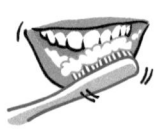

čistit' zuby
....
прати зубе

ubivat'
....
убити

kurit'
....
пушити

otpravlât'
....
послати

sem'â

породица

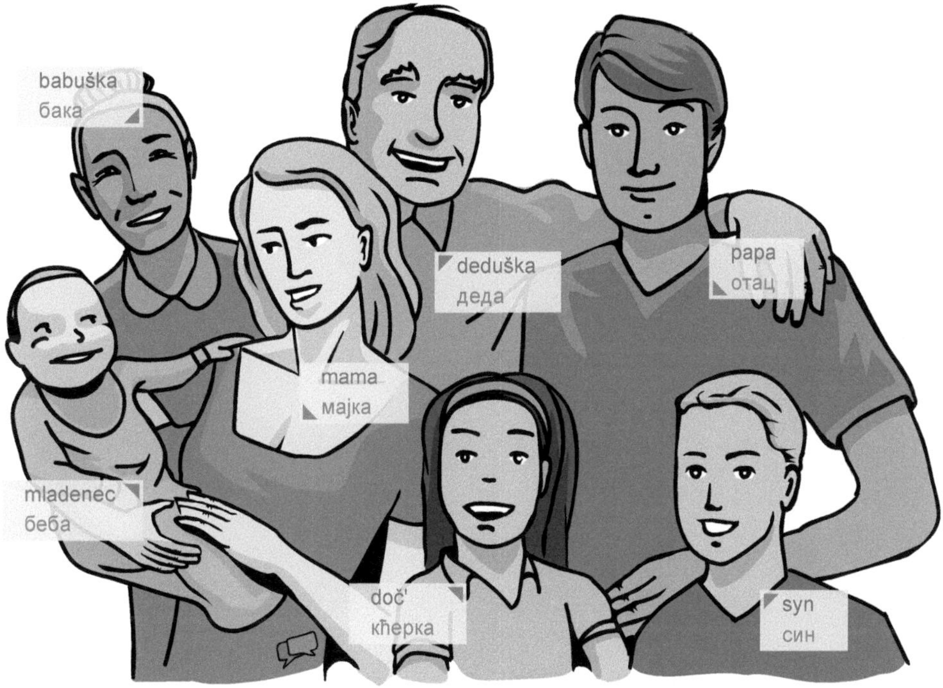

babuška
бака
deduška
деда
papa
отац
mama
мајка
mladenec
беба
doč'
кћерка
syn
син

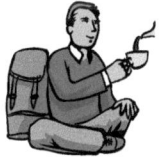

gost'

гост

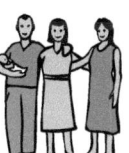

tetâ

тетка

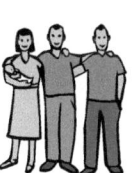

dâdâ

ујак, стриц

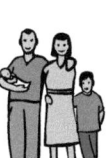

brat

брат

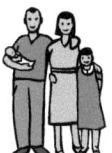

sestra

сестра

telo

тело

lob
чело
glaz
око
plečo
раме
palec
прст
lico
лице
podborodok
брада
kist'
рука
grud'
груди
noga
нога
ruka
рука

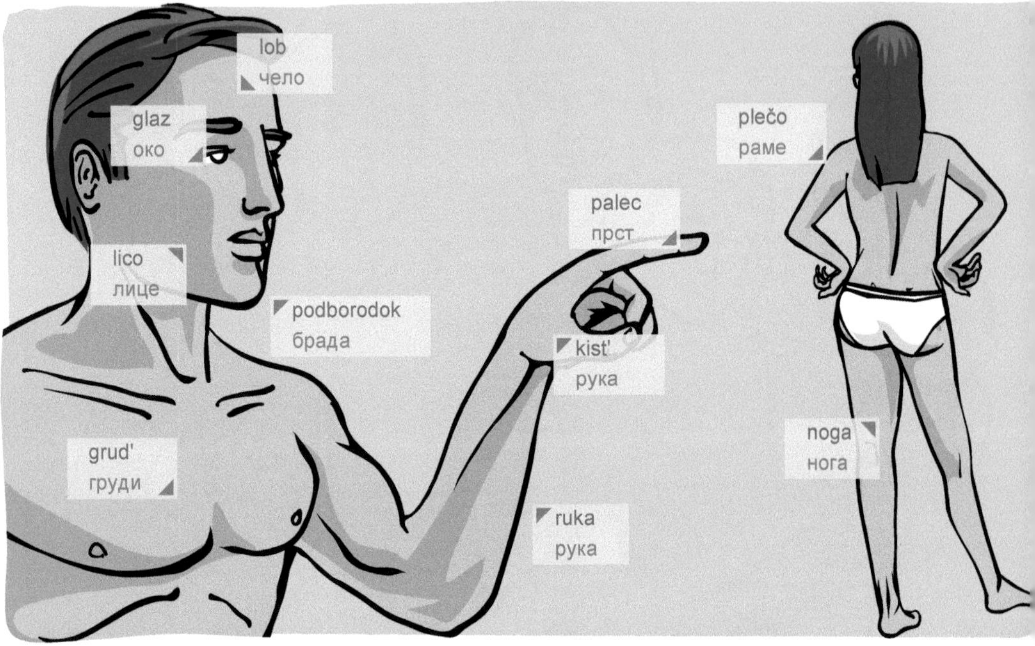

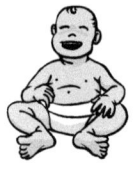

mladenec

беба

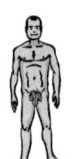

mužčina

мушкарац

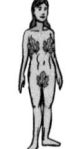

ženŝina

жена

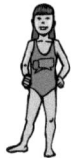

devočka

девојчица

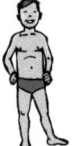

mal'čik

дечак

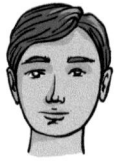

golova

глава

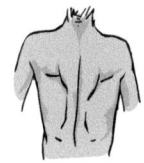

spina
леђа

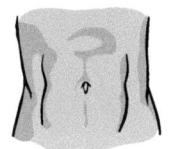

žyvot
стомак

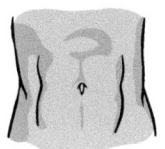

pupok
пупак

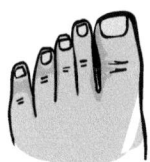

palec nogi
ножни прст

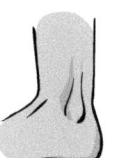

pâtka
пета

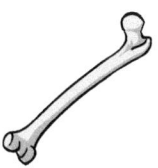

kost'
кост

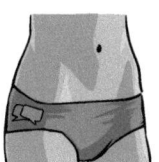

bedro
кукови

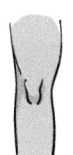

koleno
колено

lokot'
лакат

nos
нос

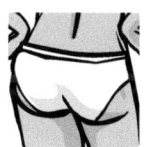

âgodicy
задњица

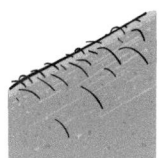

koža
кожа

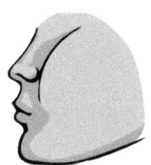

šeka
образ

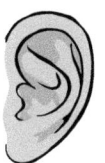

uho
уво

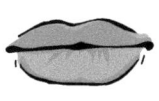

guba
усна

rot

уста

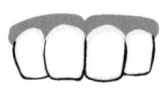

zub

зуб

âzyk

језик

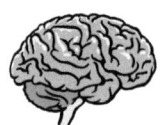

mozg

мозак

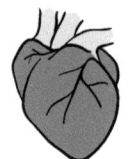

serdce

срце

myšca

мишић

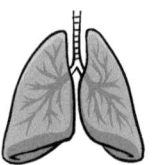

lёgkoe

плућа

pečen'

јетра

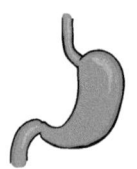

želudok

желудац

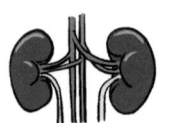

počki

бубрези

polovoj akt

полни однос

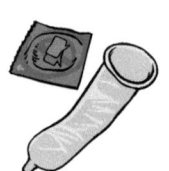

prezervativ

кондом

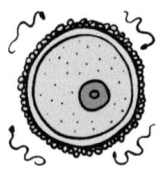

âjcekletka

јајна ћелија

sperma

сперма

beremennost'

трудноћа

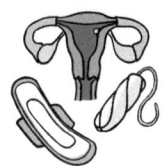

menstruacyâ

менструација

vagina

вагина

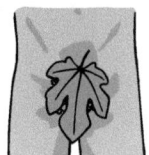

penis

пенис

brov'

обрва

volosy

коса

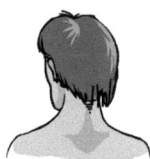

šeâ

врат

bol'nica
болница

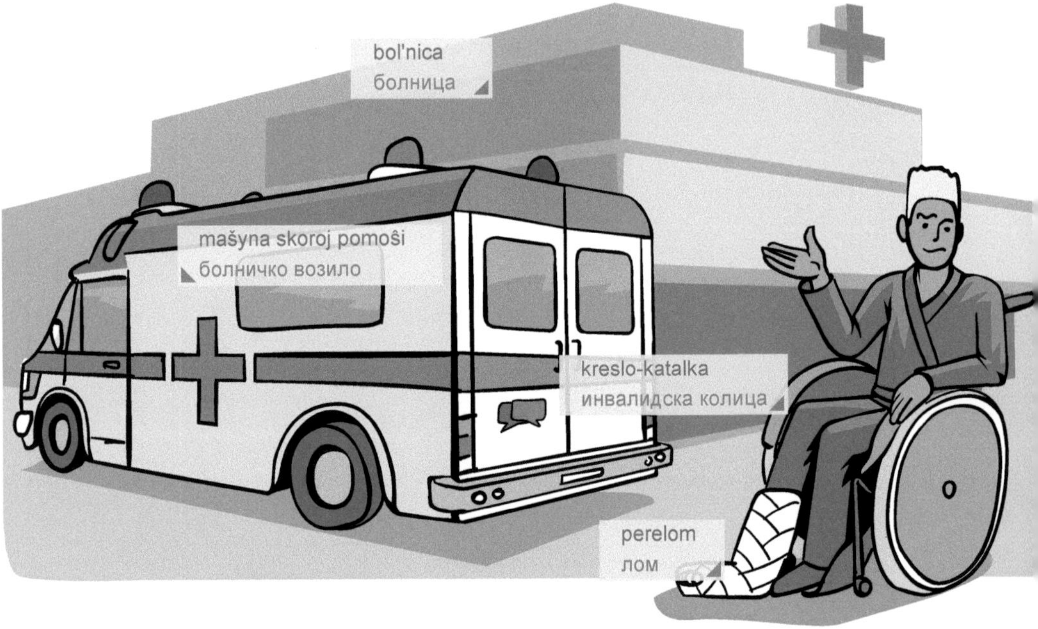

bol'nica
болница
mašyna skoroj pomoŝi
болничко возило
kreslo-katalka
инвалидска колица
perelom
лом

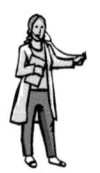

vrač
лекар

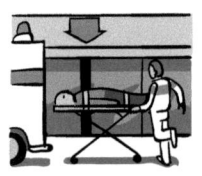

punkt pervoj pomoŝi
хитна медицинска служба

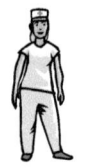

medsestra
медицинска сестра

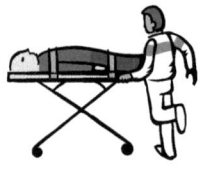

neotložnyj slučaj
хитни случај

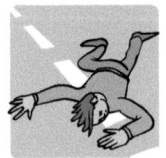

bez soznaniâ
несвест

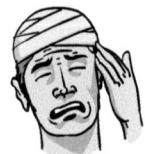

bol'
бол

povreždenie

повреда

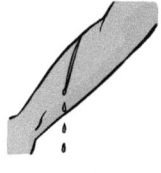

krovotečenie

крварење

infarkt

срчани удар

insul't

удар

allergiâ

алергија

kašel'

кашаљ

povyšennaâ temperatura

грозница

gripp

грипа

ponos

пролив

golovnaâ bol'

главобоља

rak

рак

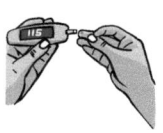

diabet

дијабетес

hirurg

хирург

skal'pel'

скалпел

operacyâ

операција

KT

цт

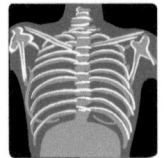

rentgen

рентген

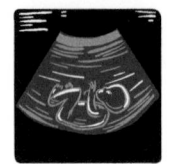

ul'trazvuk

ултразвук

maska

маска

bolezn'

болест

priëmnaâ

чекаона

kostyl'

штака

plastyr'

фластер

bint

завој

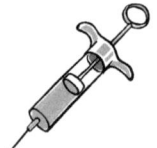

ukol

ињекција

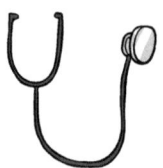

stetoskop

стетоскоп

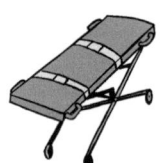

nosilki

носила

termometr

термометар

roždenie

рођење

izbytočnyj ves

прекомерна тежина

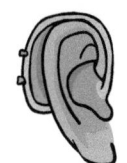

sluhovoj apparat

слушни апарат

dezinfekcyonnoe sredstvo

средство за дезинфекцију

infekcyâ

инфекција

virus

вирус

VIČ / SPID

хив / аидс

lekarstvo

медицина

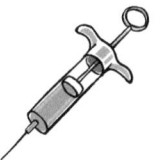

privivka

вакцинација

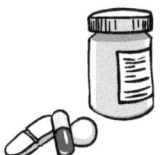

tabletki

таблете

protivozačatočnaâ tabletka

пилула

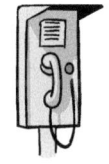

èkstrennyj vyzov

хитни позив

pribor dlâ izmereniâ krovânogo davleniâ

уређај за мерење притиска

bol'noj / zdorovyj

болесно / здраво

Pomogite!

помоћ!

signal trevogi

аларм

napadenie

насртај

ataka

напад

opasnost'

опасност

zapasnoj vyhod

излаз у случају нужде

Požar!

пожар!

ognetušytel'

противпожарни апарат

nesčastnyj slučaj

незгода

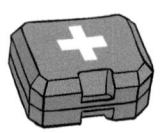

aptečka

кутија прве помоћи

SOS

сос

milicyâ

полиција

Evropa

Европа

Severnaâ Amerika

Северна Америка

Ûžnaâ Amerika

Јужна Америка

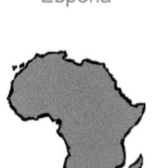

Afrika

Африка

Aziâ

Азија

Avstraliâ

Аустралија

Atlantičeskij okean

Атлантик

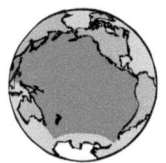

Tihij okean

Пацифик

Indijskij okean

Индијски океан

Antarktičeskij okean

Антарктички океан

Severnyj Ledovityj okean

Арктички океан

Severnyj polûs

Северни рол

Ûžnyj polûs

Јужни рол

Antarktika

Антарктик

zemlâ

земља

suša

земља

more

море

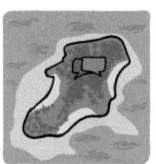

ostrov

оток

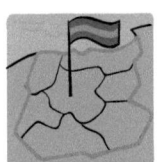

nacyâ

нација

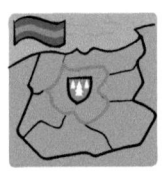

gosudarstvo

држава

cyferblat

бројчаник сата

časovaâ strelka

сатна казаљка

minutnaâ strelka

минутна казаљка

sekundnaâ strelka

секундна казаљка

Kotoryj čas?

Колико је сати?

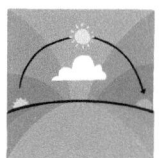

den'

дан

vremâ

време

sejčas

сада

èlektronnye časy

дигитални сат

minuta

минута

čas

час

nedelâ

седмица

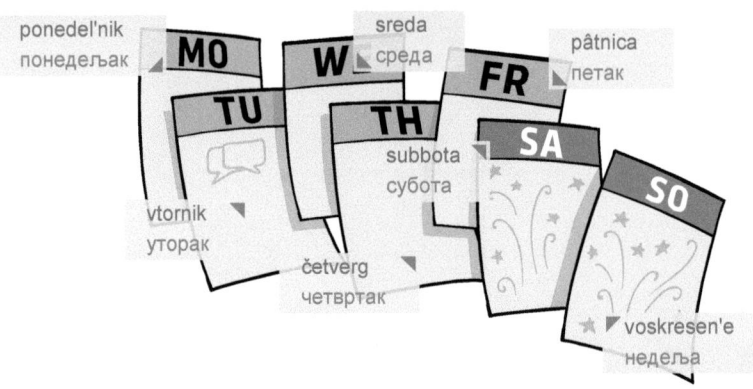

ponedel'nik
понедељак

sreda
среда

pâtnica
петак

MO

TU

W

TH

FR

SA

SO

vtornik
уторак

subbota
субота

četverg
четвртак

voskresen'e
недеља

včera
....
jуче

segodnâ
....
данас

zavtra
....
сутра

utro
....
jутро

polden'
....
подне

večer
....
вече

MO	TU	WE	TH	FR	SA	SU
1	2	3	4	5	6	7
8	9	10	11	12	13	14
15	16	17	18	19	20	21
22	23	24	25	26	27	28
29	30	31	1	2	3	4

rabočie dni
....
радни дани

MO	TU	WE	TH	FR	SA	SU
1	2	3	4	5	6	7
8	9	10	11	12	13	14
15	16	17	18	19	20	21
22	23	24	25	26	27	28
29	30	31	1	2	3	4

vyhodnye
....
викенд

god

година

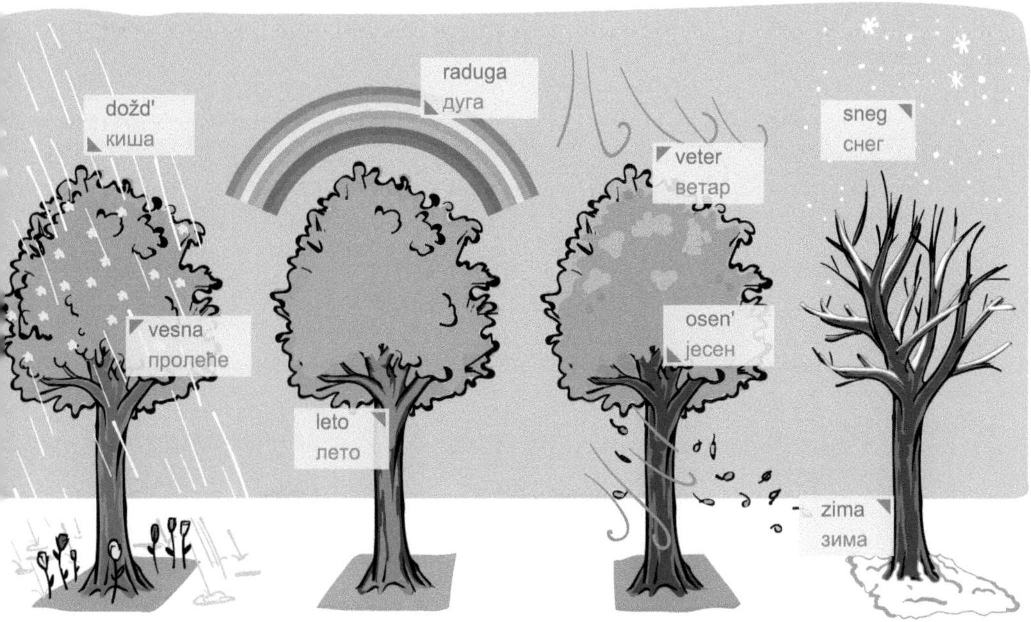

dožd'
киша
raduga
дуга
veter
ветар
sneg
снег
vesna
пролеће
leto
лето
osen'
јесен
zima
зима

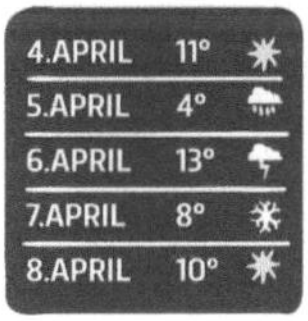

4.APRIL 11°
5.APRIL 4°
6.APRIL 13°
7.APRIL 8°
8.APRIL 10°

prognoz pogody

метеоролошка прогноза

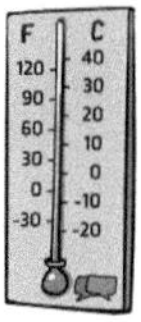

F
C
120
90
60
30
0
-30
40
30
20
10
0
-10
-20

termometr

термометар

solnečnyj svet

сунчана светлост

tuča

облак

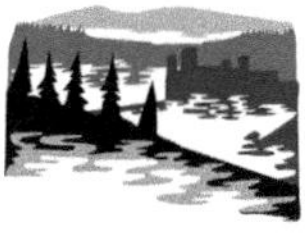

tuman

магла

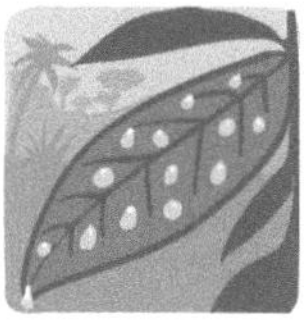

vlažnost' vozduha

влажност ваздуха

molniâ
....
муња

grom
....
грмљавина

burâ
....
олуја

grad
....
туча

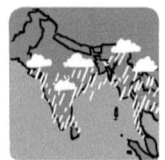

musson
....
монсун

navodnenie
....
поплава

lëd
....
лед

ânvar'
....
јануар

fevral'
....
фебруар

mart
....
март

aprel'
....
април

maj
....
мај

iûn'
....
јуни

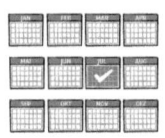

iûl'
....
јули

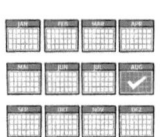

avgust
....
август

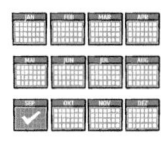

sentâbr'
....
септембар

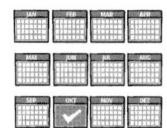

oktâbr'
....
октобар

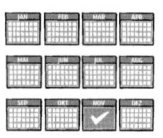

noâbr'
....
новембар

dekabr'
....
децембар

formy

облици

krug
....
круг

kvadrat
....
квадрат

prâmougol'nik
....
правоугао

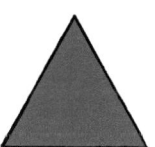

treugol'nik
....
троугао

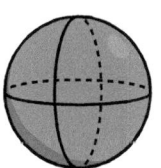

šar
....
кугла

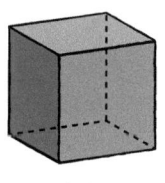

kub
....
коцка

belyj

бела

želtyj

жута

oranževyj

наранџаста

rozovyj

ружичаста

krasnyj

црвена

lilovyj

љубичаста

sinij

плава

zelënyj

зелена

koričnevyj

смеђа

seryj

сива

černyj

црна

mnogo / malo

много / мало

ârostnyj / mirnyj

љутито / мирно

krasivyj / urodlivyj

лепо / ружно

načalo / konec

почетак / крај

bol'šoj / malen'kij

велико / малено

svetlyj / temnyj

светло / тамно

brat / sestra

брат / сестра

čistyj / grâznyj

чисто / прљаво

polnyj / nepolnyj

потпуно / непотпуно

den' / noč'

дан / ноћ

mërtvyj / žyvoj

мртво / живо

šyrokij / uzkij

широко / уско

s"edobnyj / nes"edobnyj

јестиво / нејестиво

zloj / druželûbnyj

зло / добро

vzvolnovannyj / skučaûŝij

узбуђено / досадно

tolstyj / hudoj

дебело / мршаво

snačala / v konce

на почетку / на крају

drug / vrag

пријатељ / непријатељ

polnyj / pustoj

пуно / празно

tvërdyj / mâgkij

тврдо / мекано

tâžëlyj / legkij

тешко / лагано

golod / žažda

глад / жеђ

bol'noj / zdorovyj

болесно / здраво

nezakonnyj / zakonnyj

илегално / легално

umnyj / glupyj

паметно / глупо

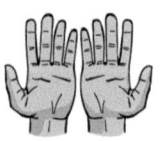

sleva / sprava

лево / десно

blizko / daleko

близу / далеко

novyj / poderžannyj

ново / половно

ničto / nečto

ништа / нешто

staryj / molodoj

старо / младо

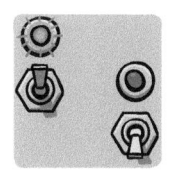

vklûčeno / vyklûčeno

укључено / искључено

otkryto / zakryto

отворено / затворено

tiho / gromko

тихо / гласно

bogatyj / bednyj

богато / сиромашно

pravil'nyj / nepravil'nyj

тачно / погрешно

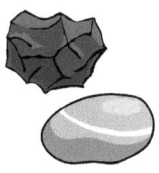

šerohovatyj / gladkij

храпаво / глатко

pečal'nyj / sčastlivyj

тужно / сретно

korotkij / dlinnyj

кратко / дуго

medlennyj / bystryj

полако / брзо

mokryj / suhoj

мокро / сухо

tëplyj / prohladnyj

топло / хладно

vojna / mir

рат / мир

protivopoložnosti - супротности

0

nol'

нула

1

odin

jедан

2

dva

два

3

tri

три

4

četyre

четири

5

pât'

пет

6

šest'

шест

7

sem'

седам

8

vosem'

осам

9

devât'

девет

10

desât'

десет

11

odinnadcat'

jеданаест

12

dvenadcat'

дванаест

13

trinadcat'

тринаест

14

čelyrnadcat'

четрнаест

15

pâtnadcat'

петнаест

16

šestnadcat'

шестнаест

17

semnadcat'

седамнаест

18

vosemnadcat'

осамнаест

19

devâtnadcat'

деветнаест

20

dvadcat'

двадесет

100

sto

стотину

1.000

tysâča

хиљаду

1.000.000

million

милион

anglijskij

енглески

amerikanskij anglijskij

амерички енглески

mandarinskij kitajskij

мандарински кинески

hindi

хиндски

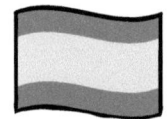

ispanskij

шпански

francuzskij

француски

arabskij

арапски

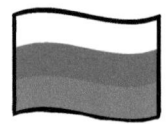

russkij

руски

portugal'skij

португалски

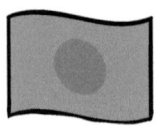

bengal'skij

бенгалски

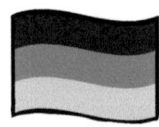

nemeckij

немачки

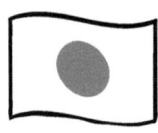

âponskij

јапански

â

ja

ty

ти

on / ona / ono

он / она / оно

my

ми

vy

ви

oni

они

kto?

Ко?

čto?

Шта?

kak?

Како?

gde?

Где?

kogda?

Када?

imâ

име

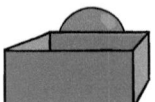

za

иза

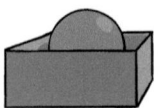

v

у

pered

испред

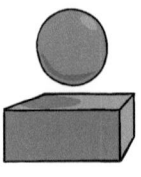

nad

преко

na

на

pod

испод

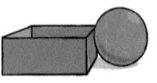

râdom

поред

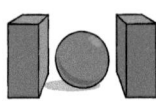

meždu

између

mesto

место